BEI GRIN MACHT SICH IHR
WISSEN BEZAHLT

Bibliografische Information der Deutschen Nationalbibliothek:

Die Deutsche Bibliothek verzeichnet diese Publikation in der Deutschen National-
bibliografie; detaillierte bibliografische Daten sind im Internet über http://dnb.d-
nb.de/ abrufbar.

Impressum:

Copyright © 2007 GRIN Verlag, Open Publishing GmbH
Druck und Bindung: Books on Demand GmbH, Norderstedt Germany
ISBN: 978-3-668-17629-4

Dieses Buch bei GRIN:

http://www.grin.com/de/e-book/317575/das-projekt-weltethos-ideen-fuer-die-
unterrichtsgestaltung

Rebecca Weber

Das Projekt Weltethos. Ideen für die Unterrichtsgestaltung

GRIN Verlag

GRIN - Your knowledge has value

Der GRIN Verlag publiziert seit 1998 wissenschaftliche Arbeiten von Studenten, Hochschullehrern und anderen Akademikern als eBook und gedrucktes Buch. Die Verlagswebsite www.grin.com ist die ideale Plattform zur Veröffentlichung von Hausarbeiten, Abschlussarbeiten, wissenschaftlichen Aufsätzen, Dissertationen und Fachbüchern.

Besuchen Sie uns im Internet:

http://www.grin.com/

http://www.facebook.com/grincom

http://www.twitter.com/grin_com

Das Projekt Weltethos

- Die Idee zu diesem Projekt geht zurück auf Professor Hans Küng, der 1990 ein Buch mit diesem Titel veröffentlicht hat
- In diesem Buch wird der Grundgedanke des Projekt entwickelt, dass die Religionen der Welt gemeinsam den Frieden der Menschheit herstellen können, wenn sie sich auf ein gemeinsames Ethos, einen gemeinsamen Grundkonsens über verbindende Werte, Maßstäbe und Grundhaltungen besinnen

„Niemand dürfte heute noch ernsthaft bestreiten: Eine Weltepoche, die anders als jede frühere geprägt ist durch Weltpolitik, Welttechnologie, Weltwirtschaft und Weltzivilisation, bedarf eines Weltethos. Das heißt: eines Grundkonsenses bezüglich verbindender Werte, unverrückbarer Maßstäbe und persönlicher Grundhaltungen. Ohne einen Grundkonsens im Ethos droht jeder Gemeinschaft früher oder später das Chaos oder eine Diktatur. Keine bessere Weltordnung ohne ein Weltethos!"

Die Grundbotschaft des Projekt Weltethos lautet:

⇨ Kein Frieden unter den Nationen ohne Frieden unter den Religionen
⇨ Kein Frieden unter den Religionen ohne Dialog zwischen den Religionen
⇨ Kein Dialog zwischen den Religionen ohne Grundlagenforschung in den Religionen

„Diese eine Welt braucht das eine Ethos, diese eine Weltgesellschaft braucht keine Einheitsreligion und Einheitsideologie, wohl aber einige verbindende und verbindliche Normen, Werte, Ideale und Ziele."[1]

Mit *Weltethos* meinen wir keine neue
Weltideologie, auch *keine einheitliche
Weltreligion* jenseits aller bestehenden Religionen,
erst recht nicht die Herrschaft
einer Religion über alle anderen. Mit Weltethos
meinen wir einen *Grundkonsens bezüglich
bestehender verbindender Werte,
unverrückbarer Maßstäbe und persönlicher
Grundhaltungen.*

---

[1] Küng, Hans: Projekt Weltethos. München 1990. S.14.

Hans Küng fasst das Ziel bzw. das Programm eines solchen Weltethos unter der Parole **„Planetarische Verantwortung"** zusammen:[2]

- nicht eine bloße Erfolgsethik, ebenso wenig eine reine Gesinnungsethik ist zukunftsfähig, sondern eine Verantwortungsethik
- konkret bedeutet das: Verantwortung der Weltgesellschaft für ihre eigene Zukunft, Verantwortung für Mitwelt, Umwelt, aber auch für die Nachwelt
- „Der Mensch muss sein menschliches Potenzial für eine möglichst humane Gesellschaft und intakte Umwelt anders ausschöpfen, als dies bisher der Fall war."[3]

- Das erste große Resultat dieser Grundlagenforschung ist die „Erklärung zum Weltethos", die das Parlament der Weltreligionen 1993 in Chicago verabschiedete
- Der Entwurf dazu stammte von Hans Küng sowie dem Institut für ökumenische Forschung der Universität Tübingen

Worum geht es in dieser Erklärung?
- Minimalkonsens für das friedliche Zusammenleben der Menschheit in der multikulturellen globalisierten Gesellschaft des 21. Jahrhunderts
- Sie ist nicht auf bestimmte religiöse Überzeugungen festgelegt, es geht nicht um Missionierung und Werbung für bestimmte religiöse Ansichten, sondern die Erklärung kann auch von Atheisten akzeptiert werden
- Ziel: „eine Koalition von Glaubenden und Nichtglaubenden im Einsatz für eine Etablierung kulturübergreifend akzeptabler Werte"[4]

Wir aber *als religiöse und spirituell orientierte Menschen*, die ihr Leben auf eine
Letzte Wirklichkeit gründen und aus ihr in
Vertrauen, in Gebet oder Meditation, in
Wort oder Schweigen spirituelle Kraft und
Hoffnung schöpfen, haben eine ganz besondere
Verpflichtung für das Wohl der gesamten
Menschheit und die Sorge um den Planeten
Erde. Wir halten uns nicht für besser
als andere Menschen, aber wir vertrauen
darauf, daß uns die uralte Weisheit unserer
Religionen Wege auch für die Zukunft zu
weisen vermag.

---

[2] ebd. S.51.
[3] Küng, Hans: Projekt Weltethos. S.53.
[4] ebd. S.58.

In einer solch dramatischen Weltlage
braucht die Menschheit nicht nur politische
Programme und Aktionen. Sie bedarf einer
Vision des friedlichen Zusammenlebens
der Völker, der ethnischen und ethischen
Gruppierungen und der Religionen in gemeinsamer
Verantwortung für unseren Planeten
Erde. Eine Vision beruht auf Hoffnungen,
auf Zielen, Idealen, Maßstäben.
Diese aber sind vielen Menschen überall
auf der Welt abhanden gekommen. Und
doch sind wir davon überzeugt: Gerade die
Religionen tragen trotz ihres Mißbrauchs
und häufigen historischen Versagens die
Verantwortung dafür, daß solche Hoffnungen, Ziele, Ideale und Maßstäbe wachgehalten,
begründet und gelebt werden können.
Das gilt insbesondere für moderne
Staatswesen: Garantien für Gewissens- und
Religionsfreiheit sind notwendig, aber sie
ersetzen nicht verbindende Werte, Überzeugungen
und Normen, die für alle Menschen
gelten, gleich welcher sozialen Herkunft,
welchen Geschlechts, welcher Hautfarbe,
Sprache oder Religion.

- Jede Religion ist aufgefordert ihren Beitrag für die Zukunft und das Überleben der Menschheit beizusteuern.

Dabei gelten 2 Grundprinzipien:

1) Das Prinzip der Humanität

⇨ unantastbare Menschenwürde jedes einzelnen Menschen unabhängig von Geschlecht, Nationalität etc.

2) **Prinzip der Reziprozität**: entspricht der Goldenen Regel, die in ähnlicher Form in allen Religionen existiert:

⇨ Humanität als Grund-Wert ist auf die Gegenseitigkeit angewiesen, weil es keine Menschlichkeit gibt ohne Mitmenschlichkeit

---

Die Goldene Regel in den Weltreligionen

„Man sollte sich gegenüber anderen nicht in einer Weise benehmen,
die für einen selbst unannehmbar ist.
Das ist das Wesen der Moral."
(Hinduismus: Mahabharata)

„Ein Zustand, der nicht angenehm oder erfreulich für mich ist,

soll es auch nicht für ihn (sc. den Mitmenschen) sein;

und ein Zustand, der nicht angenehm oder erfreulich

für mich ist, wie kann ich ihn einem anderen zumuten?"

(Buddha)

„Was du selbst nicht wünschst,

das tue auch nicht anderen Menschen an."

(Konfuzius)

„Tue nicht anderen,

was du nicht willst, dass sie dir tun."

(Rabbi Hillel)

„Alles, was ihr wollt,

dass euch die Menschen t u n ,

das tut ihr ihnen ebenso."

(Jesus)

„Niemand von euch ist ein gläubiger Mensch,

solange er nicht seinem Bruder wünscht,

was er sich selber wünscht."

(Muhammad)

„Ich bin niemandem gegenüber fremd,

und niemand ist mir fremd. Wahrlich, ich bin allen ein Freund."

(Sikhismus)

„Wenn du auf Gerechtigkeit siehst,

dann wähle für deinen Nächsten,

was du für dich selbst wählst."

(Bahá'u'lláh)

- Den Kern der Erklärung bilden **die „Vier unverrückbaren Weisungen",** die sich an der 2. Tafel des Dekalogs und den Laiengeboten des Buddhismus orientieren.
- Dabei werden die Gebote positiv gefasst, nicht als Vorschriften, sondern als (Selbst-)Verpflichtung. Es ist nicht von Gesetzen die Rede, sondern von einer Kultur, die entwickelt werden soll

- Jede der unverrückbaren Weisungen greift über den individuellen Rahmen in den gesellschaftlichen hinaus:

(1) Verpflichtung auf eine Kultur der Gewaltlosigkeit und der Ehrfurcht vor allem Leben (eben nicht nu r: Du sollst nicht töten!).

(2) Verpflichtung au f eine Kultur der Solidarität und eine gerechte Wirtschaftsordnung (eben nicht nur: Du sollst nicht stehlen!).

(3) Verpflichtung auf eine Kultur der Toleranz und ein Leben in Wahrhaftigkeit (eben nicht nur: Du sollst nicht lügen!).

(4) Verpflichtung auf eine Kultur der Gleichberechtigung und die Partnerschaft von Mann und Frau (eben nicht nur: Du sollst nicht ehebrechen!).

Diskussionspunkte:

1) Welche kritischen Anfragen an das Projekt Weltethos habt Ihr?

2) Welche Rolle spielen die Weltreligionen bei der Entwicklung eines Weltethos, welche Funktionen haben sie, was können sie leisten?

3) Können Menschen nicht auch ohne Religion moralisch leben?[5]

4) Welche Schwierigkeiten können auftreten, wenn Anhänger verschiedener Religionen sich auf die Suche nach einem gemeinsamen verbindlichen Ethos begeben?

5) Indifferentismus, Relativismus und Synkretismus als Argumente gegen den interkonfessionellen und interreligiösen Dialog?

6) Sind die Ziele der Weltethos-Erklärung nicht zu theoretisch? Wo können sie konkret werden?

- Hans Küng ist der Überzeugung, dass das gegenseitige Kennenlernen der Weltreligionen, die Offenheit und Neugier anderen Religionen gegenüber wichtig ist für einen positiven Umgang miteinander, und damit auch für den Weltfrieden.

---

[5] Küng, Hans: Projekt Weltethos. S.59.

Das Multimedia-Projekt „Spurensuche"

- Küng hat dazu ein großes Multimediaprojekt erarbeitet, dazu gehört eine siebenteilige Dokumentationsserie über die großen Weltreligionen, ein Sachbuch und eine CD-Rom.
- Das ganze Projekt trägt den Namen „Spurensuche".
- Hans Küng schreibt über die Konzeption des Spurensuche-Projekts:

„Ich habe Gelegenheit, überall in der Welt in der vieltausendjährigen Geschichte der Religionen Spuren nachzugehen,

1) Spuren, die zum Frieden führen können;
2) Spuren, die zu einem menschenwürdigeren Leben führen und
3) Spuren eines Grundethos unter Menschen verschiedener Religionen

Menschen aller Religionen wissen viel zu wenig voneinander, wissen vor allem viel zu wenig über das Gemeinsame in allen religiösen und ethischen Religionen."

- CD eignet sich auch für den Einsatz im Unterricht
- Vorstellung der CD-ROM „Spurensuche"
    - ⇨ 3 Stromsysteme
    - ⇨ Beiträge der einzelnen Religionen zu einem Weltethos
    - ⇨ Arbeits- und Infomaterialien
    - ⇨ Der Film – Themen, Standbilder und Sprechtexte

Das „Projekt Weltethos" in der Schule

- an kaum einem anderen Ort treffen so viele Menschen verschiedener Kulturen und Religionen auf engstem Raum zusammen und sind auch noch auf Kommunikation angewiesen wie in der Schule
- daher ist die Schule und besonders der Religionsunterricht geeignet, um das Lernen des Dialogs der Kulturen und Religionen und den bewussten Umgang mit Fremdheit zu fördern
- natürlich ist es wichtig, dass im Religionsunterricht das religiöse Wissen der eigenen Religion vermittelt wird, mindestens genauso wichtig jedoch sind interreligiöse und interkulturelle Themen (=> Schlüsselkompetenz: interkulturelle und interreligiöse Kompetenz)
- deshalb muss den drei Thesen Küngs eine weitere hinzugefügt werden: „Keine Zukunft ohne interreligiöse Erziehung."

6

Wie kann das „Projekt Weltethos" also in der Schule umgesetzt werden?

Die „Erklärung zum Weltethos" kann Grundlage verschiedenster Unterrichtsreihen werden.

Diskussion:

Warum bietet sich die Erklärung zum Weltethos für die Diskussion im Unterricht der Sekundarstufe II an?

- Dokument ist besonders glaubwürdig, da es nicht von einer einzelnen kirchlichen Institution stammt, deren Interessen es vertritt
- Erklärung ist getragen von Menschen aus allen Religionen und Regionen dieser Welt
- Ausdruck gelebter Pluralität; Menschen unterschiedlicher Religionen und auch Atheisten können die ethischen Forderungen akzeptieren; diese werden nicht im Sinne einer bestimmten Religion begründet
- Dokument zeigt eine enge Verbindung von Religion und Ethos; kann ethisch und religiös orientierte Schüler wieder näher zusammenbringen

- Bei einem Unterrichtsgegenstand wie dem Projekt Weltethos, der ja starke praktische Relevanz für das Leben der Jugendlichen hat, liegt es auf der Hand, dass die verwendeten Unterrichtsmethoden ebenfalls ein handlungsorientiertes Lernen ermöglichen.
- Offenheit und Interesse an anderen Religionen sowie der verantwortungsvolle Umgang mit den Mitmenschen sind keine theoretischen Lerninhalte, sondern müssen von den Schülern praktisch erfahren und nachvollzogen werden („ganzheitliches Lernen")
- Wichtig ist auch, dass die Gestaltung des Unterrichts individuell auf die Schüler zugeschnitten ist, sie also „dort abholt, wo sie gerade stehen"
- Das Projekt Weltethos bietet sich ganz besonders auch an zur Behandlung im fächerübergreifenden Unterricht (Deutsch, Ethik, Politik und Wirtschaft, eventuell auch Fremdsprachen in Kombination mit evangelischer und katholischer Religion (ökumenisches Thema, daher auch gut geeignet für kooperativen Religionsunterricht!))

Ein Beispiel dafür wäre (Anregungen aus: Das Projekt Weltethos in der Schule. Einführung und Arbeitshilfen.)

Beteiligte Fächer: Evangelische und katholische Religion, Politik und Wirtschaft, Geschichte, Englisch, Kunst, Musik

Thema: Leben und Teilen in der Einen Welt

Religion: Bibel und Gerechtigkeit (Mt. 20); Jesu Zuwendung zu den Armen, Armutsbewegungen in der Kirche, Symbol: Hungertücher

Politik und Wirtschaft: Internationale Beziehungen: Globalisierung, Strukturen der Armut, Leben in einem „Dritte-Welt-Land"; Wirtschaftsstrukturen am Beispiel des IWF; Produzieren in der „Einen Welt" am Beispiel Textilien

Kunst: Gibt es eine „arme Kunst"? Kunstformen der Armen in der Dritten Welt

Musik: Musik und Armut; Kennenlernen unterschiedlicher Musikrichtungen und ihrer Herkunft (Bsp. Gospel, Rap, Reggae)

Weitere Ideen zur Umsetzung des „Projekt Weltethos" in der Sek II

1) Öffnung der Schule: Besuch von Gotteshäusern verschiedener Religionen (Kirchen, Moscheen, Synagogen), aber auch von Museen (hier in Marburg würden sich vor allem die Religionskundliche Sammlung oder die Völkerkundliche Sammlung eignen), Gespräche mit Vertretern verschiedener Religionen)

Straßenumfrage

Unterrichtsziel: Die Schüler/innen werden sich der Stereotypen und Klischees bewusst, die über die die einzelnen Religionen existieren. Sie lernen, die vorhandenen Vorurteile kritisch zu hinterfragen und zu differenzieren.

Kurzbeschreibung zu Ablauf / Arbeitsmethode:

1. Die einzelnen Schüler/innen werden nach dem Zufallsprinzip (z.B. Nummerieren von 1 bis 4) einer der vier grossen nichtchristlichen Religionen – Hinduismus, Buddhismus, Judentum, Islam – zugeteilt. Während fünf Minuten schreiben sie in Form eines Mind-Mapping Stichworte auf, die ihnen zur entsprechenden Religion spontan einfallen. Die Zettel werden anschließend eingesammelt und von der Lehrperson ausgewertet (Stichwort-Hitparade).

2. Die Schüler/innen erhalten 30 Minuten Zeit, um in Zweiergruppen an verschiedenen Orten im Umkreis der Schule und ihrer Umgebung (z.B. Mensa, Shoppingcenter, Bahnhof, Europaplatz etc.) eine Umfrage durchzuführen: Die einzelnen Gruppen notieren sich die Stichworte und Assoziationen, die von den PassantInnen zur jeweiligen Religion genannt werden.

3. Die verschiedenen Gruppen präsentieren im Plenum ihre Eindrücke und Ergebnisse von der Straßenumfrage. Die am häufigsten genannten Stichworte werden auf farbigen Zetteln (für jede Religion eine eigene Farbe) notiert.

4. Diskussion: Die genannten Stichworte und Klischees werden auf ihren Wahrheitsgehalt hin kritisch hinterfragt und an der Wandtafel in einer systematischen Ordnung gruppiert: z.b. nach dem Kriterium, ob die Stichworte grundsätzlich a) zutreffen b) zum Teil zutreffen oder c) falsch sind.

2) **Rollenspiele** (Konferenz der Weltreligionen wird nachgespielt, auf der die Vertreter der verschiedenen Religionen über die Inhalte eines allgemein verbindlichen Weltethos bzw. Weltgesetzes diskutieren; möglich wäre es, verschiedene Aspekte ins Zentrum der Diskussion zu stellen bzw. „Friede", „Technik und Fortschritt", „Wirtschaftsethik" und konkrete Fragestellungen)

Interaktionsspiel «Bafa Bafa»

Unterrichtsziel: Auf spielerische Weise werden die SchülerInnen mit den Schwierigkeiten und Chancen der Kulturbegegnung vertraut und lernen, sich in die Situation von Menschen hineinzuversetzen, die sich in einer fremden Kultur zurechtfinden müssen.

Kurzbeschreibung zu Ablauf / Arbeitsmethode:

1. Die Schüler/innen erhalten eine kurze Orientierung zum Ziel der Lektion: Mit einem Simulationsspiel können sie auf einfache Weise Erfahrungen machen, die sonst nur selten möglich sind. Es geht dabei um die Begegnung zwischen zwei völlig verschiedenen Kulturen und um unser eigenes Verhalten und Empfinden dabei.

2. Die Schüler/innen werden in zwei gleich grosse Gruppen oder «Kulturen» aufgeteilt, eine Alpha- und eine Beta-Kultur. In getrennten Räumen sollen sich die beiden Gruppen vorerst mit den Regeln der eigenen Kultur vertraut machen (Regeln werden mündlich erklärt und auf einem Blatt abgegeben, wobei die eine Kultur nichts von den Regeln der anderen Kultur erfahren darf).

3. Sobald alle die Regeln der eigenen Kultur verstanden, die notwendigen Materialien erhalten und etwas damit geübt haben, werden zwischen den beiden Kulturen Besucher/innen ausgetauscht. Diese suchen soviel wie möglich über die Werte und Gewohnheiten und das Funktionieren der anderen Kulturen herauszufinden. Nach fünf Minuten kehren die Besucher/innen wieder in ihre eigene Gruppe zurück und notieren, was sie herausbekommen haben.

4. Sobald alle Mitspielenden einmal bei der anderen Kultur zu Besuch waren, wird das Spiel abgebrochen. Dann folgt die Entschlüsselung und Auswertung des Simulationsspiels: Die beiden Gruppen tauschen gegenseitig ihre Beobachtungen und Erfahrungen aus und präsentieren die Regeln der einzelnen Kulturen. Anschließend wird darüber diskutiert, inwieweit die gemachten Erfahrungen mit eigenen Erlebnissen, die man im Alltag gemacht hat, übereinstimmen und welche Regeln für einen toleranten Umgang zwischen den Kulturen berücksichtigt werden sollten.

3) **Arbeit mit Texten** (beispielsweise der Text „Das Ethos des Friedens" von Paulo Evaristo Arns, dem Erzbischof von Sao Paulo; Schüler sollen herausarbeiten, wie sich die darin genannten Ansätze auch in der eigenen Lebenswelt verwirklicht werden können)

Zeitungsanalyse

Unterrichtsziel: Anhand von aktuellen Zeitungsartikeln lernen die Schüler/innen, die Komplexität von religiösen, politischen und sozialen Konflikten in verschiedenen Krisengebieten wahrzunehmen und zu analysieren.

Kurzbeschreibung zu Ablauf / Arbeitsmethode:

1. Die Lehrperson projiziert mit dem Hellraumprojektor eine Folie, die in grossen Lettern das Zitat «Kein Frieden unter den Nationen ohne Frieden unter den Religionen» zeigt. Frage an die Schüler/innen: Trifft der Inhalt dieses Satzes zu? Gibt es aktuelle Beispiele, die diese Aussage bestätigen?

2. Auf einer Weltkarte werden aktuelle Krisengebiete markiert, bei denen die Konfrontation zwischen verschiedenen Religionen bzw. Konfessionen eine Rolle spielen. Gleichzeitig werden die Zahlenverhältnisse der im betreffenden Gebiet lebenden Religionsgemeinschaften notiert.

3. Gruppen mit je vier SchülerInnen erhalten jeweils einen aktuellen Zeitungsbericht aus einem der genannten Krisengebiete. Aufgabenstellung: Die SchülerInnen lesen den vorliegenden Artikel und diskutieren anschließend gemeinsam folgende Frage: Welches sind die Konfliktparteien, die miteinander im Streit liegen? Welches sind wichtigsten Konfliktpunkte und welche Rolle spielen dabei religiöse Motive? Inwieweit wird dabei die Religion für politische Interessen instrumentalisiert?

4. Die Ergebnisse der einzelnen Gruppen werden im Plenum präsentiert. Die Lehrperson arbeitet zusammen mit der Klasse die Rolle der Religion bei den einzelnen Konflikten heraus und zeigt auf, inwiefern die Religion auch für politische Interessen instrumentalisiert werden kann.

4) Projektarbeit

Interessantes Projekt der Kantonschule Luzern

5. Klasse:

Videoprojekt / Tonbildschau

In der 5. Klasse galt es, die **Gründzüge einer der vier nichtchristlichen Weltreligionen** kennen zu lernen. In vier Gruppen mit durchschnittlich fünf Schülerinnen und Schülern sollte ein Dokumentarfilm (Dauer: ca. 10 - 15 Minuten) gedreht werden, der Einblick in die Lebenswelt der entsprechenden Religionsgemeinschaft vermittelt.

Wahlmöglichkeiten / Varianten:

- Die einzelnen Gruppen entschieden sich für eine der grossen nichtchristlichen Religionen: **Hinduismus, Buddhismus, Judentum, Islam.**

- Anstelle eines **Videofilms** konnten sich die einzelnen Gruppen auch für eine **Tonbildschau** entscheiden.

- Neben der Begegnung mit einem Vertreter / einer Vertreterin der jeweiligen Religionsgemeinschaft konnten sich die einzelnen Gruppen auch für ein Gespräch mit einer Person entscheiden, die sich als **Religionswissenschafter/in** intensiv mit der entsprechenden Religion auseinandergesetzt hat.

6. Klasse:

Audio-Projekt / Interviews

Anders als bei der 5. Klasse standen hier nicht die Grundlagen einzelner Religionen im Vordergrund: Vielmehr galt es hier, Gemeinsamkeiten und Unterschiede in **ethischen Fragen zwischen zwei oder drei Religionen** zu vergleichen.

Auch hier wurde in kleinen Gruppen mit durchschnittlich vier bis fünf Schülerinnen und Schülern gearbeitet, die sich innerhalb der **vier unverrückbaren Weisungen der «Erklärung zum Weltethos»** für einen konkreten Problemkreis zu entscheiden hatten.

Aufgabe der einzelnen Gruppen war es, Interviews mit Vertretern verschiedener Religionsgemeinschaften oder entsprechenden

11

Fachleuten (Religionswissenschafter, Ethnologen etc.) durchzuführen und diese anschließend schriftlich auszuwerten.

Wahlmöglichkeiten:

Folgende Themen standen zur Auswahl, wobei die Schüler/innen auch eigene Themenvorschläge einbringen konnten:

- **1. Weisung:** Verpflichtung auf eine Kultur der Gewaltlosigkeit und Ehrfurcht vor allem Leben. **Mögliche Problemkreise:** Krieg / Frieden; Gewalt / Gewaltlosigkeit; Todesstrafe; Tod / Euthanasie; Lebenswenden; Tier- und Umweltethik.

- **2. Weisung:** Verpflichtung auf eine Kultur der Solidarität und eine gerechte Wirtschaftsordnung.

Mögliche Problemkreise: Armut / Besitz; Gerechtigkeit; Wirtschaftsethik; Politisches Verhalten.

- **3. Weisung:** Verpflichtung auf eine Kultur der Toleranz und ein Leben in Wahrhaftigkeit.

Mögliche Problemkreise: Wahrheit / Wahrheitsfanatismus; Fremde / Fremde Religionen; Medien; Politik.

- **4. Weisung:** Verpflichtung auf eine Kultur der Gleichberechtigung und die Partnerschaft von Mann und Frau.

Mögliche Problemkreise: Frau / Mann; Sexualität; Familienplanung; Ehe / Familie.

Klassenübergreifendes Schulprojekt

- einmalig oder in größeren Abständen durchgeführt als eine die ganze Schule einbeziehende Debatte um Werte und Normen, die konkret an der eigenen Schule gelten sollen

⇨ Entwicklung eines eigenen Schulethos auf der Schülerebene, der Lehrerebene und der Schulebene insgesamt

Der brasilianische Erzbischof Camara prägte den Satz:

„Wenn einer träumt, dann bleibt es ein Traum. Wenn wir aber alle gemeinsam träumen, dann wird es Wirklichkeit."

„Wenn ich könnte, gäbe ich jedem Kind eine Weltkarte. Und wenn möglich, einen Leuchtglobus, in der Hoffnung, den Blick des Kindes aufs äußerste zu weiten und in ihm Interesse und Zuneigung zu wecken für alle Völker, alle Rassen, alle Sprachen, alle Religionen an allen Orten."

Verwendete Literatur

- Küng, Hans: Projekt Weltethos. Ungekürzte Taschenbuchausgabe. 7. Auflage. München (Piper) 2002.

- Erklärung zum Weltethos. Die Deklaration des Parlamentes der Weltreligionen, hrsg. v. Hans Küng u. Karl-Josef Kuschel. München (Piper) 1993.

- Martin Bauschke (Hg.): Weltethos und Schule. Dokumentation einer Kooperationsveranstaltung der Stiftung Weltethos, der Friedrich-Ebert-Stiftung und des Berliner Landesinstituts für Schule und Medien – LISUM am 19. März 2003 in Berlin.

- Geschwentner-Blachnik, Ingrid u.a.: Das Projekt Weltethos in der Schule. Einführung und Arbeitshilfen. Hg. vom Hessischen Landesinstitut für Pädagogik. 1. Aufl. Wiesbaden 2000. (Materialien zum Unterricht, Ethik und Religion in der Grundschule, Sekundarstufe I und II; 145.

Internetadressen
www.weltethos.org
www.ksluzern.ch/weltethos/weltethos-3.htm